GUILLAUME
BERTHOU DE KERVAUDRY

ET SES DESCENDANTS

NOTES ET DOCUMENTS INÉDITS

PAR

Frédéric SAULNIER

Conseiller à la Cour d'Appel de Rennes
Ancien président de la Société archéologique d'Ille-et-Vilaine.

VANNES

EUGÈNE LAFOLYE, ÉDITEUR

1889

GUILLAUME BERTHOU DE KERVAUDRY

ET SES DESCENDANTS

NOTES ET DOCUMENTS INÉDITS

I

Nous avons eu la bonne fortune de rencontrer un ensemble de documents qui nous ont permis de reconstituer une de nos vieilles familles parlementaires. Travail attachant, non seulement parce qu'il fixait pour nous des points plus ou moins intéressants de généalogie, mais encore et surtout parce que nous avons pu suivre le développement ascensionnel de cette famille, ou plutôt d'une de ses branches dont les chefs, d'un siècle à l'autre, ont passé du prétoire obscur d'une juridiction inférieure aux sièges fleurdelysés d'une cour souveraine[1] !

[1] Les documents que nous reproduirons et la plupart de nos renseignements proviennent des belles archives du château de Laillé. M. le comte de la Bourdonnaye de Montluc a bien voulu nous autoriser à les publier. Nous devons aussi remercier M. Paul de Berthou des détails généalogiques et des pièces qu'il a pris la peine de nous communiquer. Nos propres recherches nous ont donné le moyen de compléter sur quelques points les données empruntées à ces deux sources.

Il s'agit des **Berthou** de **Kerverzio**. On les voit entrer en 1679 au Parlement de Rennes où trois générations se succèdent, grandissant chaque fois en richesses et en alliances. Ils descendaient d'un simple cadet destiné, selon toute apparence, à faire souche de pauvres gentilshommes, de ceux qui vivaient et mouraient ignorés dans un coin de la province.

Parmi leurs ancêtres, celui qui nous semble avoir donné l'élan et le branle à cette marche progressive, Guillaume Berthou, écuyer, sieur de Kervaudry, habitait au moment de la Ligue, la petite ville de Lanvollon, dans l'évêché de Saint-Brieuc. Son grand-père était venu s'y établir au commencement du XVI° siècle[1].

Son bisaïeul **Jean Berthou** (1er du nom,) *sieur des Fontaines* (en Saint-Quai,) inscrit le 8 avril 1453 sur la liste des nobles de l'évêché de Saint-Brieuc, lors de la réformation des fouages, avait comparu en 1483 aux montres générales dudit évêché à cheval, équipé en archer, avec brigandine, salade, épée et arc[2]. Il était mort dans les premières années du XVI° siècle, laissant trois fils de son mariage avec Catherine Le Maistre, dame de Kercadoret : *Pierre*, chef de la branche aînée, *Jehan*,

---

[1] Autrefois le nom s'écrivait indifféremment *Berthou, Bertou* ou *Bertho*. Il est d'origine celtique : *Berth* en gallois et en ancien saxon signifie *beau, brillant, illustre.*

Il y avait aussi une famille *Bertho* (de Cargouet, de la Villejosse, etc.) dont les armes étaient presque les mêmes et qui paraît se rattacher aux Berthou par un auteur commun. Ces derniers portent : *d'or à un épervier de sable contourné, tenant un rameau de sinople, accompagné de trois molettes d'éperon de sable, deux en chef et une en pointe.*

[2] *Archives de la chambre des Comptes de Bretagne,* (visé dans l'arrêt de maintenue de 1669).

Nous ne remontons pas plus haut. De nombreux BERTHOU sont mentionnés dès 1256 dans les *Preuves* de dom Morice et dans d'autres recueils ; d'autre part, un arbre généalogique conservé au château de la Violaye (commune de Fay) indique quatre générations antérieures à Jehan, sieur des Fontaines : *Geoffroy, Pierre, Roland* et *Jacques.* Mais, faute de pièces à l'appui, nous croyons devoir les négliger, ne pouvant es relier avec certitude au degré auquel s'arrête la généalogie admise par l'arrêt de maintenue.

puîné, chef de la branche cadette, et *Guillaume* qui entra dans les ordres[1].

Jehan Berthou (2e du nom) reçut son partage le 7 juin 1511. Il épousa une veuve, Jehanne *Le Bras*, qui d'un premier mariage avec Jehan Le Maczon, avait eu quatre enfants : elle donna à son second mari deux fils et une fille et le laissa veuf

[1] La branche aînée a encore plusieurs représentants qui portent dignement le nom de Berthou. Voici la suite des degrés par lesquels on descend jusqu'à eux :

I. — Pierre Berthou, écuyer, *sieur des Fontaines*, marié à Françoise Dolo.

II. — Jacques Berthou, écuyer, *sieur des Fontaines*, marié à Marie Rocquel, dont deux fils, *Roland* dont la postérité masculine s'est éteinte à la deuxième génération et *Jean* dont la descendance a continué la branche aînée.

III. — Jean Berthou, écuyer, *sieur de la Villeaudren*, décédé vers 1596, marié à Louise Raison.

IV. — Henry Berthou, écuyer, marié à Jeanne du Houlle.

V. — René Berthou, écuyer, *sieur de Queroriou*, procureur au Parlement, qui a obtenu l'arrêt de maintenue du 30 janvier 1669, marié en Saint-Germain de Rennes le 25 novembre 1653 à Jeanne de Kergozou : il est décédé en Sainte-Croix de Vannes le 22 novembre 1676 et sa femme, à Rennes, le 6 avril 1699.

VI. — René-François Berthou, écuyer, *seigneur de Tronscoff*, né en Saint-Germain de Rennes le 22 mai 1664, décédé en Sainte-Radegonde de Nantes le 8 mai 1743, et marié le 3 novembre 1706 (contrat du 2) à delle Catherine Meusnier.

VII. — Jean-Jacques de Berthou, chevalier, *seigneur de Tronscoff et de Queroriou*, conseiller au Parlement de Bretagne en 1772, avocat-général en 1773, né en Sainte-Radegonde de Nantes, le 16 juin 1723 marié le 10 mars 1747 à delle Albertine-Justine-Jeanne Marie de Raët Vander Voort, libre baronne du Saint-Empire romain.

VIII. — Just-Albert-Yrénée de Berthou, lieutenant-colonel du régiment de Bourgogne infanterie, chevalier de Saint-Louis (11 janvier 1751-27 décembre 1834), marié le 20 avril 1781 à delle Charlotte d'Heu.

IX. — Charles-Just de Berthou (4 novembre 1783-13 octobre 1853) marié 1o à delle Justine Mazeau ; 2o à delle Marie-Aimée-Clotilde Barrin de la Galissonnière.

M. de Berthou a eu, des deux lits, des fils dont plusieurs vivent encore : un seul, M. Paul de Berthou, officier de marine, décédé en 1859, a contracté mariage. M. Paul Albert de Berthou, élève de l'Ecole des Chartes, est son fils unique.

en avril 1521[1] ; lui-même survécut à peine une année à sa femme, car dès le 2 mai 1522, la cour de Lanvollon pourvoyait à la tutelle de ses enfants mineurs, qu'elle confiait à son frère aîné, Pierre Berthou. Plus tard, celui-ci étant décédé, cette charge passa à l'aïeule, Catherine Le Maistre, dont la gestion donna lieu en 1540 à une action judiciaire intentée par ses petits-enfants[2].

Les mineurs devinrent majeurs. L'aîné, *Pierre Berthou*, sieur de Kervaudry (en Lanvollon), contracta deux mariages. Il perdit en 1556 Françoise de Trolong, sa première femme[3]. Resté veuf avec trois filles, il convola à de secondes noces avec Perronnelle Le Véer (fille de nobles gens Jehan Le Véer et Marie de Kervenanoy) et mourut à Lanvollon en 1568[4]. Sa veuve se remaria à noble homme Yves Jehannot dont un fils d'un premier lit s'allia à Marie Berthou, l'une des filles de Françoise de Trolong[5].

Pierre Berthou laissa de son second mariage, sous la tutelle de Perronnelle Le Véer, cinq enfants : *Guillaume*, son fils aîné dont nous allons parler plus amplement, *Jacques* qui suivit de près son père dans la tombe, une fille, *Françoise*, encore vivante en 1601 et deux autres fils, *Yves* et *Vincent* qui dépassèrent les années de la jeunesse[6].

[1] L'inventaire des biens de leur communauté a été dressé le 23 avril 1521.

[2] Catherine Le Maistre a dû vivre encore quelques années : sa succession fut partagée entre ses héritiers le 3 juillet 1544.

[3] L'inventaire de leur communauté est du 24 novembre 1556.

[4] PIERRE BERTHOU est mort avant le 3 septembre 1568 : il fut inhumé dans l'église paroissiale de Lanvollon, dans laquelle il avait un « droit d'enfeu, lieu prohibitif et accoudouer » qu'il tenait de noble homme Sylvestre Rolland, sieur de la Villebasse, en vertu d'un acte de donation du 3 septembre 1560. Une transaction du 22 septembre 1639 constate que la famille Berthou jouissait, dans la chapelle Notre-Dame, du côté de l'Evangile, d'un banc avec escabeau sans armes et d'une tombe « dessoubs et devant le dit escabeau ».

[5] Ce mariage est relaté dans un règlement du 7 mars 1574.

[6] FRANÇOISE BERTHOU ne paraît pas avoir contracté d'alliance : partagée par son frère aîné le 14 juin 1596, elle reçut de celui-ci un supplément de partage le 19 avril 1601.

YVES BERTHOU, *sieur du Run*, et son frère assistaient en 1610 au mariage de leur nièce. Seul des deux, Vincent, sieur de Kerdaniel, s'est marié : de

II

Guillaume Berthou, sieur de Kervaudry, héritier principal
et noble de son père, continua de vivre à Lanvollon. Il ne
se maria que vers 1585 : sa femme, Françoise Hémery, veuve
de François Harscouet, sieur de Kerverzio (en Plouha), avait
de sa première union des enfants mineurs dont son second
mari eut la curatelle[1].

L'avènement du roi Henri IV et la guerre civile qui en fut
la suite l'obligèrent à prendre les armes. Ses sympathies
étaient pour le Béarnais, mais le pays qui l'entourait avait
pris parti pour la Ligue : aussi, plus prudent qu'héroïque, il
marcha avec ses voisins pendant quelques mois, jusqu'à ce
qu'il put se dégager et se présenter au camp royaliste. Il rejoignit Kergomard et servit bravement sous ses ordres, par-
tageant la bonne et la mauvaise fortune des serviteurs du roi,
au détriment de ses intérêts privés. Ces faits sont attestés
dans un certificat dont voici la teneur[2] :

Le seigneur de Kergoumar, *chevalier de l'ordre du roi, capitaine
de cinq[e] lances de ses ordonnances, gouverneur des ville et chasteau
de Guingamp pour Sa Majesté.*

A tous gouverneurs de places, capitaines, chefs de gens de guerre
tant de cheval que de pied et aultres s'emploiant pour le service

Françoise Mauguer, sa femme, il a eu trois filles et un fils, Guillaume, sieur
de Kérily, baptisé à Pléguien le 2 septembre 1603. Ce dernier a été l'un des
membres de la famille Berthou au profit desquels a été rendu l'arrêt de
maintenue en 1669. Nous ignorons s'il a laissé des enfants.

[1] Acte du 12 juillet 1585.

[2] Claude de Kerguezay, sieur de Kergomard, fut un des plus acharnés
adversaires des ligueurs. Né vers 1559, il mourut à sa maison de
Kermorvan le 11 avril 1623. Il avait été gentilhomme ordinaire de la
chambre du roi, capitaine de cinquante hommes d'armes de ses ordonnances,
maréchal de ses camps et armées. gouverneur de Guingamp, etc. (v. *Les
chevaliers bretons de l'ordre de Saint-Michel*, par M. de Carné, p. 190.)

du Roy, en quelque fazon ou action civille ou militaire qui sont en ce pais, scavóir faisons que Guill⁰ Berthou, sieur de Kervaudry, seroict venu nous trouver assisté d'un de ses frères armé en cheval legier, exempt néanmoins de la faction militaire estant jouveigneur, suivant la loi de Bretagne, comme n'aiant moïens, et du sieur de Kersalio en pareille sorte d'armes et chevaulx, avecq ses harquebouziers auxquels il a donné tout entretien depuis le mois de juin en l'an mil cinq centz quatre-vingt-dix et estant aussy armé et monté, nous auroict suivy et assisté en tous exploits de guerre en fidèle serviteur du roy, y exposant et vie et biens, a eu pertes insignes et domageables tant en ravages de ses maisons par diverses fois que prinse de chevaulx d'aultant que po᷊ se rendre seurement à nous en ceste saison où tout le cantor du pais bas tenoict pour la Ligue, fors le chasteau de Coetfer duquel nous estions emparé po᷊ le service du Roy, il auroict esté contraint se mesler quelques mois avec les lignes. et aller par acquict, suivant la contrainte lors imposée en quelques factions de guerre avec eulx ou perdre sa vye. sans que sa volonté s'y adonnât en aulcune façon, comme l'évènement l'a montré en sa continuation ; on voudroict imputer avoir manqué au service du Roy et tirer à nuisance contre luy ce que de sa volonté, il n'a faict. Nous, à sa requeste, luy avons octroyé ceste en témoignage de la véritté de ce que dessus pour luy servir où il voira l'avoir affaire, et l'avons signé, faict y aposer le chachet de nos armes et contre signé de nostre secrétaire, ce dix neuffiesme jo᷊ de novembre mil cinq centz quatre-vingt onze,

KERGOUMAR.

Par comandement de mond.. seigneur (cachet).

E. JULLO.

Guillaume Berthou voulait bien exposer sa vie, mais soucieux de sauvegarder l'avenir de ses enfants, il tenait à garantir, autant que possible, ses propriétés exposées aux exactions des gens de guerre royalistes ou ligueurs. Il réclama et obtint du duc de Montpensier un titre spécial d'exemption qui le mît à l'abri de toute réquisition[1].

---

[1] Henri de Bourbon, duc de Montpensier, prince souverain de Dombes, fils de François de Bourbon, duc de Montpensier, et de Renée d'Anjou, (1573-27 février 1608) commandait en chef l'armée du roi en Bretagne.

Le prince de Dombes, gouverneur du Dauphiné, *lieutenant gnal po* *le Roy Monseigneur en son armée et pays de Bretagne.*

A tous colonnels, capp^nes, chefs et conducteurs des gens de guerre tant de cheval que de pied ausquels ces pntes seront monstrées, salut. Nous vous mandons et enjoignons très expressément qu'ayez à exempter de tout logis, fourraige et sejo^r des gens de guerre les maisons, mestayries et biens appartenans au s^r de Kervaudry et celles du s^r le Kerversio duquel il est curateur, seises ès villes de Lanvaullon et parroisse de Plouhac, ni en icelles prendre fourraiges ou emporter aucun biens meubles ni autres ustanciles quelconques soyt po^r personnes ou chevaux sans leur voulloiyr et consentement ou de leurs fermiers et mestayers estant en icelles, lesquels avec elx et tout ce qui leur appartient, nous avons à cet effet pris et mis, prenons et mettons par ces présentes en et soubs la protection et sauvegarde spéciale du Roy monseigneur et nous, laquelle ne voullons estre par vous enfraincte sur peine de la vie. Et affin que nul de vous n'en puisse prétendre cause d'ignorance, nous leur avons permis et permettons faire mettre et apposer les panonceaux et armoyries de sa Ma^té et les nostres par tous les lieux et endroits desd. maisons et pièces les plus emynants que bon leur semblera. En thesmoing de quoi nous avons signé ces pntes de fi^re main et à celles faict apposer fi^re cachet. Fait au camp de Chaulaudren le **xxv** juing mil cinq cens quatre-vingts-unze.

HENRI DE BOURBON.

par mondit seigneur le prince   (cachet)

BRASSET.

A cette époque, un corps de troupe auxiliaire fourni par la reine d'Angleterre venait de débarquer à Paimpol, sous le commandement du général Norris[1]. Berthou qui redoutait

---

[1] Jean Norris, 2e fils de Henri, lord Norris, avait fait ses premières armes en France, sous les ordres de l'amiral de Coligny, pendant nos guerres civiles et servi ensuite dans les Pays-Bas contre les Espagnols. Il était, depuis 1588, chef du Conseil de la province de Munster lorsque la reine Elisabeth lui confia le commandement de 2400 hommes qu'elle envoyait en France au secours de Henri IV. Rappelé peu après la prise de Crozon (novembre 1594), il fut déçu dans ses espérances et réduit à reprendre à Munster la présidence du conseil : le chagrin qu'il en éprouva le conduisit au tombeau en peu d'années.

cette soldatesque étrangère, bien qu'elle vînt au secours du parti royaliste, se pourvut d'un titre de protection émanant du commandant anglais. Voici cette pièce :

John Norreys, knighte lo-president of the province of Munster Wth in the realme of Ireland and of her math most honorable p^rrie conncell established ther and generall and cheif commander of her highnes armye as well horsemen as fotemen imployed in theis pth for the service of the french kinge, do certifie and declare by ther p^r tent that we for certeine causes us moving have taken and do take into our protection and saveguard the howse and family of mons^r Guilieme Berthou, esquier, s^r de Carvaudree, Carversio aux parouesses de Lanvollon, Plougha, Pomerit, Pordic with all the howses, edifices, buildings and whatsoever ap^rtenances to the same belonging, straightely chargeing all cap^{ts}, collonels, lyeuten^{ts}, with their officers and all soldiers being under o^r gov^r ment that uppon the sight hereof do forbeare to lodge them in anie the places above mencoed, but that thei do pmyt and suffer th'inhabitant ther to intend ther owne busenes wthout doeing anie manner wronge, spoile or outrage unto them. In witnesse that this is o^r will and pleasure herin, I have herunto sett our hand and sealle : at the camp at St Brieux the XIth of august 1591[1].

J. NORREYS.   (cachet).

[1] Voici la traduction de ce document :

« Jean Norris, chevalier, lord président de la province de Munster, dans le royaume d'Irlande, et du très honorable conseil y établi, général et commandant en chef de l'armée de S. A., tant cavaliers que fantassins, employés dans cette province pour le service du roi de France. certifions et déclarons par les présentes que, pour certaines causes à ce nous mouvant, nous avons pris et prenons sous notre protection et sauvegarde la maison de la famille de Monsr Guillaume Berthou, écuyer, s^r de Kervaudry, Kerverzio, aux paroisses de Lanvollon, Plouha, Pomerit, Pordic, avec tous les logements, édifices, constructions et dépendances quelconques appartenant au sus-nommé, enjoignant formellement à tous les capitaines, colonels, lieutenants avec leurs officiers et tous les soldats placés sous nos ordres, de s'abstenir, sur le vu du présent, de prendre logement dans aucun des lieux ci-dessus mentionnés et au contraire de permettre et souffrir que les habitants desdits lieux vaquent à leurs affaires, sans leur faire tort, préjudice ou outrage en aucune manière. En témoignage que ceci est notre volonté et bon plaisir, j'y ai apposé notre signature et sceau ; au camp à Saint-Brieuc, le 11 août 1591.

L'année suivante, sa santé exigeant des soins incompatibles avec le métier de la guerre, il sollicita du duc de Montpensier un congé qui lui fut accordé avec faculté de rester en Bretagne ou de se réfugier en Angleterre. Voici le passeport qui lui fut délivré :

Le prince de Dombes, gouverneur de Dauphiné *lieut* *général por le Roy monseigneur en son armée et pays de Bretaigne.*

A tous gouverneurs, capp^{nes}, chefs et conducteurs des gens de guerre tant de cheval que de pied, baillys et senechaux, juges, provotz, maires, consulz et échevins des villes et tous aultres ausquels ces pñtes seront monstrées, salut. D'autant que nous avons permis à Guillaume Berthou, escuier, s^r de Quervaudry, de demeurer en toute seuretté à *(En blanc)*, à cause de son indisposition ou se retirer en Angleterre, nous prions néantmoings, en tant que n^{re} pouvoir s'estend, (et) mandons que pendant le séjour qu'il fera en sad. maison, vous n'avez à luy fe^{re} ou donner, n'y souffrir estre faict, mis ou donné et moings, se retirant aud. Roy^{me} d'Ang^{re}, aucuns arrest, destourbier ou empeschement, ains en nostre faveur toute l'ayde et secours dont il aura besoing et le recevoir comme bon et fidèle subiect et serviteur de Sa M^{té}. En tesmoing de quoy, nous avons signé au présent de n^{re} main et à icelle faict mettre apposer n^{re} cachet. Donné à Rennes le 14 febvrier mil cinq cent quatre vingtz douze.

HENRY DE BOURBON   (cachet)

BRASSET

Guillaume Berthou rentra probablement chez lui : nous ne le retrouvons plus qu'en 1598, cette fois sous la robe de magistrat; il s'était fait nommer alloué de la cour du comté de Goëllo[1]. Ce fut sans doute à cause de cette qualité qu'il fut

---

[1] L'ancienne barre de Goëllo ayant un ressort trop étendu, le duc de Bretagne créa, au XVe siècle, un siège de *lieutenantise* à Lanvollon. En 1565, ce siège fut transféré à Saint-Brieuc et malgré les efforts des bourgeois de Lanvollon, il y fut maintenu par édit du 23 septembre 1580. Peut-être, pour consoler la petite ville dépossédée, lui donna-t-on un alloué avec des attributions et une compétence spéciales. Nous n'avons pas de renseignements sur ce point.

choisi pour faire l'inventaire de l'artillerie et des munitions de la place de Paimpol. Le procès-verbal de cette opération nous paraît utile à conserver[1].

« Estat et certification des canons, pouldres et aultres munitions monstrées et présentées en la ville de Penpoul devant nous Guillaume Berthou, escuyer, sieur de Kervaudry, alloué du comté de Goëllou, commissaire convenu respectivement par noble et puissant Jan Pierres, sieur de Teny, gouverneur ayant commandé pour le service du Roy aud. Penpoul et se retirant a pñt de l'ordonnance de sa majesté et de monseigneur le mareschal de Brissac d'une part et escuyer Christofle de la Coste, sieur de la Coste, deputté pour entrer en lad-ville et y commander à la volonté de monseigneur d'Avaugour, seigneur propriétaire d'icelle, lequel sieur de la Coste a charge de prendre les dicts munitions ensemble lès d. habitantz de lad. ville pour en respondre ainsi qu'est porté par la conclusion du pñt inventaire, à quoy a esté procédé par nous en présence de escuyer Jacques Boullay, procur du Roy au siège de Sainct-Brieuc et ayant por adjoint Michel Pérel, notaire de la cour de Lanmeur, son serment prins de se porter fidellement les vingt-troisiesme, vingt-quastriesme et vingt-cinquiesme jour de may mil vctz quatre-vingtz dix-huict.

Et premier,

Sur la muraille de la porte du chasteau joignant à la chaussée où y a une garite ont été monstrées et laissées deux petites pièces de fonte longue chacune de quatre pieds armoyées des armes de Bretaigne ;

Plus, sur la muraille tirant vers la mer, y avoyt une pièce de canon de fer armoyée d'une rose couronnée, merquée d'un E et une R, et plus bas y a un T et un F et la merque du poids qui est trois mil deux cents (livres), sur deux roues ferrées ;

Plus une aultre pièce de canon de fonte verte contenante huit pieds montée sur quatre petites roues ;

Un faulconneau de fonte armoyé des armes de Bretaigne.

---

[1] Le commandement de la place de Paimpol avait été confié au fameux capitaine René de la Grezille, sieur de la Tremblaye qui fut tué, à la fin de 1597, au siège du Plessis-Bertrand près de Saint-Malo. Après sa mort, il n'y avait en qu'un intérim et le nouveau gouverneur nommé par le baron d'Avaugour, Christophe de la Coste, ne voulait prendre charge qu'après un état contradictoirement dressé de l'artillerie et des munitions.

Aultre pièce de canon pareille que la précédente de fer de fonte armoyée d'une rose couronnée, merquée d'un E et une R et plus bas un T et un F et la pesanteur d'icelle cottée peser trois mil deux centz livres.

Et poursuivant le cerne de la muraille, nous a esté dict entre la porte de l'église que la muraille estant tumbée a esté rellévée par le sieur de Teny après la mort de monsieur de la Tremblaye depuis lad. porte jusqu'à la septième fenestre du parapel du costé de la fontaine où sont deux petits vertuns de fonte verte, appellez faulconneaux armoyez pareillement des armes de Bretaigne trouvez en la garite estante au coingn vers lad. fontaine.

Au fer à cheval du costé de la queue de l'estang jouste le corps de garde du rampart,

Une pièce de canon de fer pesante sept centz livres, merquée d'un A ;

Plus une aultre pièce de fer non armoyée pesante sept cents trante suyvant la merque apposée aud. canon, derrière la maison de Pierre Lestic, sieur du Clos ;

Sur le Martroy, deux pièces de canon de fonte verte montées chacune sur un chevalet de sept pieds et demy de long sur chacune desquelles y a un placard sans merque d'armoyries ;

Derrière la maison Mᵉ Loys Dauphin, une pièce de canon de fer de fonte contenante cinq pieds et demy de long montée sur un chevallet.

Du vingt quatriesme desd. moys et an :

Au magazin, au logis du deffunt sieur de la Tremblaye ont été trouvés, en une chambre fermée et close de pierre, les barils de pouldre à la fazon qu'ils sont cy spécifiés et nombrés :

Un baril de pouldre defoncé en un aultre baril qui a esté apperceu par l'oupverture faicte en icelluy, pezantz ensemble cent vingt quatre livres ;

Un autre baril pareillement defoncé en aultre baril pesant ensemble avec la pouldre y estante deux cent quarante-et-une livres ;

Item un aultre baril pesant cent cinquante huit livres ;

Item un aultre baril pesant trois centz soixante-quatorze livres ;

Item un aultre baril pesant deux centz soixante-et quatorze livres ;

Aultre baril pesant deux cent cinquante et neuf livres ;

Plus autre baril deux cent quatre-vingtz-trois livres ;

Aultre baril pesant deux centz cinqᵗᵉ huit livres ;

Aultre baril pesant deux centz soixante et dix livres ;

Aultre baril pesant cent vingt-huit livres ;

Aultre baril pesant pareil nombre de cent vingt-huit livres :

Aultre baril pesant cent seze livres ;

Aultre baril pesant cent une livres ;

Aultre baril pesant cent douze livres ;

Aultre baril pesant cent quatre livres ;

Plus un baril oupvert et enfoncé d'un boult de la longueur d'environ deux pieds lequel l'on n'a peu remuer, crainte de degast et escoullement de la pouldre pesant, par advis de quelques habitantz et de Anthoine Coulongue, dit l'Allemand, canonnier de Penpoul, environ trois centz soixante livres.

Plus deux sacs, l'un de cuir et l'aultre de toille pleine de pouldre pesantz ensemble soixante-six livres, lesquels deux sacs ont été délivrez à Mᵉ Loys Dauphin pour iceulx garder ;

Quatre-vingt-douze livres de mèche ;

Deux centz vingt deux balles de canon bastardée ;

Cinquante petites balles de fer ;

Neuf roues de canon ;

Un flasque ;

Trois chèvres garnyes de poullyes.

A l'endroit a comparu eu sa personne Mᵉ Michel Gérard, bourgeois dud. Penpoul lequel a déclaré que lesd. barils rempliz de pouldre sont du nombre de vingt et deux barils qu'un marchant de Rennes, nommé Mérault, avait mis en sa maison en lad. ville ; et que les dits vingt-deux barils de pouldre, un appellé Claude de Brielle, sieur du Brisson, sergent maior aud. Penpoul print du commandement dud. sieur de la Tramblaye et fist apporter aud. magazin, quelle pouldre la veufve dud. Mérault demande à présent, au moyen de quoy led. Gérard s'oppose à la délivrance d'icelle dont luy a esté acte décerné.

Quelles munitions, en la faczon cy dessur descriptée, ont esté laissées aud. sieur de la Coste et nobles gens Jacques Joson, sieur de Quistillic, Jan Jacob, sʳ de Kermenguy, Loys Dauphin, sʳ de Passecroix, Allain Le Questel, Thérézien du Vieuxchastel, François Le Chapponnier, Jan Pascou, Yves Bizien, Michel Gérard, Loys Michel, Pierre Thérézien, Claude de Kerloch, Jan Keronadic lesquelz s'en sont emparez et saisiz et les ont mis en leur garde et conservation à l'advenir, ont permis, permettent et s'obligent solidairement en respondre et les représenter en lad. ville de Penpoul aud. sieur de Teny au cas que la commission octroyée pour leur dix-huit centz escuz ne soyt consentye par les estatz de Bretaigne pour récompense desd. munitions aud. sieur de Teny. Et pour l'exécution du pñt acte, a led. sieur de la Coste esleu domicile en sa maison de la Coste, paroisse de St-Martin et Sanson près Montreuil et lesd. habitantz chûn en sa maison audit Penpoul.

Et après ce, ont esté les clefs de lad. ville délivrées aud. sieur de la Coste qui les a aprinses dud. sieur de Teny ; de tout quoy a esté décerné acte par la court de Penpoul à laquelle les partyes se sont submises et y prorogent droict soubz leurs signes lesditz jours et an que dessur[1].

M. PERRET.

Notaire.

Guillaume Berthou ne conserva pas les fonctions d'alloué : il devint sénéchal des juridictions de Langarzeau et de Pléhédel qui appartenaient à Jean de Rieux, sire d'Assérac. En 1616, avec l'assentiment de ce dernier, il passa ces charges à son fils, mais celui-ci n'y fut reçu qu'en 1619, probablement après la mort de son père[2].

Deux enfants étaient nés de son mariage avec Françoise Hémery, un fils, *Jean,* et une fille, *Renée,* mariée par contrat du 9 juin 1510 à Claude de Rosmar, écuyer, seigneur de Saint-Georges[3].

Françoise Hémery décéda en 1602 : son mari lui survécut jusqu'en 1619 : tous deux furent inhumés dans l'enfeu des Berthou à Lanvollon[4].

---

[1] « *Monseigneur d'Avaugour* » mentionné aux premières lignes de ce procès-verbal comme seigneur de Paimpol, était Charles de Bretagne, baron d'Avaugour, comte de Vertus et de Goëllo, descendant direct de François, bâtard de Bretagne, fils naturel du duc François II. Sa petite-fille, Marie de Bretagne, mariée en 1628 à Hercule de Rohan, duc de Montbazon, porta cette seigneurie dans sa nouvelle famille. Le prince de Soubise en fut le dernier titulaire au XVIIIe siècle.

[2] Actes des 5 septembre 1616 et 24 juillet 1619.

[3] RENÉE BERTHOU devint veuve et mourut avant le 17 novembre 1651, date d'un acte où Guillaume de Rosmar, seigneur de Saint-Georges. comparaît en qualité d'héritier principal et noble de sa mère et réclame l'exécution du contrat de 1610.

[4] Les registres de sépulture pour ces années manquent à Lanvollon : nous y avons suppléé par des indications prises dans une transaction du 22 septembre 1639 relative à l'enfeu des Berthou.

III

I. — **Jean Berthou**, sr de Launay et de Kervaudry, fils unique de Guillaume, ne semble pas avoir exercé effectivement les fonctions de sénéchal de Langarzeau et Pléhédel, bien qu'il y ait été reçu le 24 juillet 1619. Dans son contrat de mariage du 18 août suivant, il est seulement qualifié d'avocat au Parlement. D'ailleurs, il vint s'établir à Rennes où le fixa son union avec Guillemette Turcelin, fille unique de Me René Turcelin, sieur de Blosne, procureur au Parlement et échevin, et de Julienne Garnier[1].

Sa femme ne lui apporta qu'une dot modeste[2]; mais les héritages qu'elle et lui firent successivement et, peut-être aussi les émoluments de sa profession leur constituèrent une belle aisance, grâce à laquelle ils purent assurer l'avenir de leur postérité[3].

Des onze enfants qui leur naquirent de 1620 à 1637, quatre seulement leur survécurent, *René*, fils aîné, *Julien*, sieur de

----

[1] La date de la célébration du mariage nous fait défaut : les registres de Saint-Germain de Rennes constatent seulement des publications de bans au 13 septembre 1619.

[2] Dans le contrat de mariage du 10 août 1619 (Mazette et Moulnier, notaires à Rennes), Guillemette Turcelin reçoit en dot 250 livres de rentes : le douaire est fixé à 200 livres.

[3] JEAN BERTHOU hérita notamment de son frère utérin, Raoul Harscouët, sr de Kerverzio, de qui il tint la terre de ce nom, après avoir eu de lui en 1623 le partage de la succession de leur mère commune. D'après une déclaration passée en son nom devant le sénéchal de Rennes le 20 octobre 1636, lors de la convocation de l'arrière-ban, les terres nobles de Kerverzio, Kervaudry et Kermellen, avec les hommes et tenanciers, n'auraient donné qu'un revenu annuel de 250 livres ; mais il n'y a pas lieu d'attacher une valeur sérieuse à cette évaluation intéressée qui devait être de beaucoup au-dessous de la réalité.

la Motte[1], *Julienne*, mariée à Claude de Boisgelin[2] et *Louise* qui fit profession aux Ursulines de Fougères[3].

Jean Berthou mourut à Rennes dans sa maison de la rue Saint-Georges et fut inhumé en Saint-Germain le 3 juin 1652 : sa femme née et baptisée dans cette paroisse le 28 novembre 1601, y eut sa sépulture le 28 mai 1655[4].

II. — **René Berthou**, seigneur de Kerverzio, né et baptisé en Saint-Germain le 23 décembre 1620, eut un siège au présidial de Rennes. Ses parents lui achetèrent au prix de 94000 livres, lettres en mains, l'office de conseiller du roi, juge et magistrat criminel que possédait Jean Gascher, seigneur du Rouvre[5]. Le 21 janvier 1650, il prêta serment devant la cour,

[1] JULIEN BERTHOU, *sieur de la Motte*, né en Saint-Germain le 19 janvier 1636, mourut au manoir de Buhard en Trégomeur en avril 1697. Il s'était marié deux fois. De son premier mariage avec Marie Duval (contrat du 31 mai 1661), il n'eut qu'une fille, *Marie*, qui épousa en 1692 Louis de la Bouexière, écuyer, sieur du Restolle, dont une fille unique, Renée Claire, morte sans alliance entre 1767 et 1771. Remarié par contrat du 8 février 1673 à dame Françoise Collet, douairière de Champchapel, fille de François Collet, écuyer, sieur de Moutier et de Françoise le Clerc, il devint père de trois enfants, deux fils, *Claude-Julien* et *Jean-François* et une fille *Marguerite-Françoise*. Cette dernière survécut de peu à ses frères et à sa nièce et mourut fort âgée au manoir de Buhard à la fin de septembre ou au plus tard le 1er octobre 1771. Le partage de sa succession souleva des difficultés entre les représentants des différents estocs : une transaction du 6 décembre 1773 paraît les avoir réglées définitivement.

[2] JULIENNE BERTHOU, née en Saint-Germain le 31 mars 1623, y fut mariée le 7 janvier 1646 (contrat du 16) à Claude de Boisgelin, écuyer, sieur de la Villemarquer, fils de Gilles de Boisgelin et de Renée Le Coniac. Nous croyons qu'elle n'a pas laissé d'enfants.

[3] Par contrats des 2 septembre 1644 et 31 décembre 1646 (Blanchouin et et Boismartel, notaires à Fougères) la dot de Louise Berthou fut fixée à 150 livres, plus cent livres de rente viagère.

[4] JEAN BERTHOU et sa femme avaient affecté un capital de 600 livres pour service d'une fondation pieuse en Saint-Germain, messe basse tous les jeudis au grand autel ou à celui du Saint-Esprit, prières nominales et *de profundis* à réciter. à l'issue de cette messe sur l'endroit de la sépulture de Renée Turcelin. Une clause du testament de Guillemette Turcelin appliqua un capital de 640 livres à une autre fondation pour elle et son mari.

[5] Contrat du 19 septembre 1649.

après examen subi devant deux conseillers, Mes Jean Saliou et Guy du Pont, et le lendemain le conseiller Constantin l'installa dans ses fonctions.

A la fin de 1556 il céda son office au prix de 112,000 livres, lettres en mains à Claude de Derval, seigneur de Brondineuf[1]. Ce fut sans doute sa santé qui l'obligea à s'en défaire, car il mourut peu après et fut inhumé en Saint-Germain, le 17 décembre 1656[2]. On voit encore dans cette église l'inscription de sa pierre tombale.

Il avait fait quelques années auparavant un **mariage avantageux**, en épousant à Morlaix en 1651 demoiselle Magdeleine Crouëzé, dame de Tréanguer, fille de écuyer Olivier Crouëzé, sieur de la Maillardière et de Madeleine Siochan, qui lui survécut ; elle vivait encore en 1694[3].

[1] Contrat du 28 octobre 1656 (Bertelot et Duchemin, notaires à Rennes) Claude de Derval céda l'office à écuyer Sébastien le Gouz, sieur d'Ossac, sur qui il fut saisi et adjugé judiciairement en 1663 à écuyer François Maingard, sieur de Bellestre, au prix de 75 000 livres : à cette date, la succession de René Berthou était encore créancière de 48 000 livres.

[2] A l'occasion de sa mort, sa veuve fonda à Saint-Germain, par actes du 1er et 7 juillet 1658 (Gohier et Le Duc, notaires à Rennes), moyennant un capital de 1600 livres, un salut pendant l'octave de Noël, avec exposition du St-Sacrement et procession autour de l'église à la fin de la huitaine, prières nominales, droit de pierre tombale et deux messes à l'autel du Saint-Esprit, l'une chantée le 15 décembre de chaque année, l'autre à basse voix célébrée tous les vendredis. Il fut stipulé que la dame de Kerverzio aurait place pour une pierre tombale à l'endroit où son mari était inhumé entre l'autel du Saint-Esprit et le « pepistre » où chantent les prêtres et chantres, à charge de fournir la pierre et avec faculté d'y faire inscrire les noms et armes. L'acte constate que ladite dame a donné à l'église un drap mortuaire en velours noir avec une croix de damas blanc, un devant d'autel de brocard d'or garni de dentelle pareille, avec les armes du seigneur et de la **dame de** Kerverzio, et une nappe et crédence bordées de dentelle de point de Gênes. Le capital de 1600 livres n'a été payé que le 23 décembre 1695.

[3] Le contrat de mariage négocié par Jean Berthou permet de se rendre compte de l'aisance des parents. Ceux du futur donnaient deux mille livres de rentes en biens fonds, 40,000 livres sur le prix de la charge de magistrat criminel et le logement gratuit dans leur maison de Rennes. La future apportait 50,000 livres de dot. Cet acte, daté du 31 janvier 1651, fut passé devant Salaün et Diouguel notaires, à Morlaix.

Nous ne connaissons que trois enfants nés de cette union : *Jean-Olivier*, *René*[1] et *Madeleine* mariée à Jean-Armand de Talhouet[2].

III. **Jean-Olivier Berthou**, seigneur de Kerverzio, né le 22 mai 1652, fut nommé à Saint-Germain le 5 août suivant. Il acheta au prix de 90 000 livres, la charge de président des Requêtes au Parlement de Bretagne que possédait Louis de Trémereuc et entra en fonctions le 12 août 1679[3].

En 1683, le 27 février, il épousa dans la chapelle des Capucins de Morlaix, demoiselle Françoise Allain, dame de Lancelin, fille de Jacques Allain, sieur de la Marre et de Marie Coroller, demeurant au manoir noble de Troheou, paroisse Saint-Mélaine[4].

Quatre de leurs enfants sont morts en bas-âge : trois leur

[1] René Berthou, seigneur de Lanivinon, est né en Saint-Germain le 28 juillet 1656 et y fut baptisé le 29. Nous ignorons la date de sa mort et nous savons seulement qu'il épousa d^lle Hélène Ménage. De celle-ci qui lui survécut et vivait encore en 1723, il eut au moins trois enfants ; 1° *Angélique-Agathe*, né en 1688, baptisée à Pleucadeuc le 20 avril 1702, y mariée le 20 février 1713 à messire Olivier de la Houssaye : 2° *Jean-René*, seigneur de Lanivinon, née en 1689, baptisé, comme sa sœur, le 20 avril 1702, pourvu le 26 mars 1709 d'un brevet de lieutenant au régiment d'infanterie de Coëtquen, commandé par le comte de Tourville ; 3° *Magdeleine-Olive*, née en 1691 et baptisée à Pleucadeuc en 1692. Cette branche sur laquelle nous n'avons pas d'autres renseignements, a dû s'éteindre dans le XVIIIe siècle.

[2] Madeleine Berthou, née en 1654, a épousé en Saint-Germain le 29 juin 1670 Jean-Armand de Talhouët, chevalier, seigneur de Sévérac, la Grationnaye, fils de feu Valentin de Talhouët seigneur de Sévérac et de dame Jeanne Le Lagadec.

Le contrat de mariage signé la veille (Gohier et André, notaires à Rennes) constate l'apport par la future d'une somme de 50,000 livres, tant pour sa part dans la succession de son père qu'en avancement d'hoirie sur celle de sa mère.

[3] Acte de vente des 21 et 22 janvier 1679 ; nous n'avons pas la date des lettres de provision.

[4] Dans le contrat de mariage daté du 22 février 1683 (G. Allain et Leroux, notaires à Morlaix) la dot de la future est fixée à 60,000 livres.

3

ont survécu, *Jacques*, *Jean-Olivier*, abbé de Kerverzio[1] et *Pierre*, chevalier de Kerverzio[2].

Jean-Olivier Berthou ne s'était pas encore démis de son office de président lorsqu'il mourut le 24 juin 1715 en Saint-Germain de Rennes : on l'inhuma dans cette église le surlendemain. Sa femme vécut encore près de douze ans : décédée en Saint-Pierre près Saint-Georges, le 15 mai 1727, elle fut réunie le 16 à son mari.

IV. — **Jacques Berthou**, seigneur de Kerverzio, né en Saint-Germain le 26 mars 1684, n'y fut nommé que le 17 octobre 1694[3]. Conseiller originaire au Parlement de Bretagne dès le 5 janvier 1708, en remplacement de Gabriel de Montbourcher, il arriva à être le doyen de la Compagnie. Il avait quarante-sept ans de service lorsqu'il mourut à Rennes dans la paroisse

[1] JEAN-OLIVIER BERTHOU, né en Saint-Germain le 8 novembre 1689, y baptisé le 16 du même mois, mourut à la Chantrerie, à Nantes, paroisse Saint-Laurent, le 26 mai 1777. Il entra dans les Ordres et prit en Sorbonne le grade de docteur en théologie : nous le trouvons en 1731, vicaire-général et official du diocèse de Nantes : l'évêque le pourvut, le 17 février de cette année de la dignité de grand-chantre de son église cathédrale. Plus tard il se fit nommer abbé commendataire de Notre-Dame de Pornic. En 1737, des difficultés s'élevèrent entre lui et le chapitre au sujet des droits que sa dignité de grand-chantre lui conférait, prétendait-il, sur les chanoines. Ceux-ci ne lui en reconnaissaient qu'un, celui de porter le bâton cantoral. Un procès s'engagea : la cause jugée au Présidial de Nantes, puis soumise en appel au Parlement de Rennes, fut par la suite renvoyée devant celui de Bordeaux. Un arrêt définitif de cette cour du 17 août 1743 donna en partie raison à l'abbé de Kerverzio qui obtint condamnation pour la moitié de ses dépens, le surplus restant compensé entre les parties.

[2] PIERRE BERTHOU, chevalier de Kerverzio, né et baptisé en Saint-Germain le 2 septembre 1705, devint capitaine au régiment du roi. Il mourut sans alliance à Paris le 8 janvier 1747 à trois heures trois quarts du matin. Nous empruntons ce détail précis à une lettre écrite à l'abbé de Kerverzio par le frère Braban, religieux de la Merci, qui avait assisté le chevalier dans sa maladie : elle apprend que ce dernier a succombé à une fluxion de poitrine au cours de laquelle il a été saigné cinq fois au bras et trois fois au pied. Ses obsèques furent célébrées le lendemain de sa mort.

[3] Il était le frère jumeau d'un autre garçon baptisé du nom de Jacques à l'âge de quatre mois et demi et décédé le même jour.

de Saint-Pierre, près Saint-Georges, le 12 février 1755 : il y fut inhumé le 14[1].

Il épousa à Toussaints le 16 avril 1714 demoiselle Renée-Thérèse de Crocelaye, dame de la Violaye, fille de feu messire Henri de Crocelaye, chevalier, seigneur de la Violaye, et de dame Gillonne Chevillard : cette jeune fille, qui était née dans la même paroisse le 11 novembre 1688, s'y trouvait, au moment de son mariage, en pension au couvent des dames Budes[2]. Nous ignorons la date de sa mort et nous savons seulement que son mari lui survécut : elle vivait encore en 1745[3].

Deux fils et deux filles furent les fruits de cette union : *Jacques-Louis*, *Jean-François*, *Perrine-Olive-Aimée*, née le 1 février 1715 et *Marie-Anne*, née le 14 août 1717 : nous ne savons rien de la destinée de ces dernières[4].

V. — **Jacques-Louis Berthou**, comte de Kerversio, naquit au château de la Violaye dans la paroisse de Fay (évêché de Nantes) le 13 septembre 1716 et vécut peu d'années après son père : il mourut à Rennes dans la paroisse Saint-Pierre en Saint-Georges le 24 juin 1763 : on l'y inhuma le 26.

Sa femme, Julie-Vincente Champion de Cicé le rejoignit dans la tombe le 19 octobre 1775[5]. Il l'avait épousée au château de Cicé, en Bruz, le 7 septembre 1744 : née en Saint-Michel de Saint-Brieuc, le 25 septembre 1719 : elle était fille aînée et héritière principale et noble de Joseph-Clément Champion,

---

[1] Par acte du 6 mai 1755, ses enfants cédèrent son office à M. du Merdy de Catuélan qui, vingt-deux ans plus tard, devint premier président du Parlement.

[2] Le contrat du mariage fut passé le 12 du même mois devant Bertelot et le Maigre, notaires à Rennes : il constate que les parents du futur donnaient à leur fils sa charge de conseiller et trois mille livres de rente. Mlle de Crocelaye apportait ses droits immobiliers dans la succession de ses parents et une valeur de 7000 livres en meubles, linges et habits.

[3] Nous la trouvons à Bruz le 4 juillet 1745 marraine du premier enfant de son fils aîné.

[4] Elles sont toutes deux nées en Saint-Germain de Rennes.

[5] Registres de la paroisse Saint-Pierre en Saint-Georges de Rennes.

chevalier, baron de Cicé, et de dame Thérèse-Agathe-Félicité Bonnescuelle de la Roche-Durant[1].

Le comte de Kerverzio fut le dernier de sa branche reçu au Parlement de Bretagne : il y prit possession d'un siège de conseiller originaire le 12 décembre 1738[2]. Après sa mort, M. Bonnin de la Villebouquay acheta de la veuve cette charge au prix de 35 000 livres[3].

Plusieurs enfants étaient nés du mariage de Jacques-Louis Berthou : ils moururent tous en bas-âge, sauf une fille, *Renée-Julie*, dame de Kerversio : née au château de Cicé le 3 juillet 1745, elle fut mariée à Saint-Pierre en Saint-Georges de Rennes le 6 novembre 1764 (contrat du 2) à messire Charles-Sévère-Louis de la Bourdonnaye, marquis de Montluc et mourut au château de Laillé le 18 décembre 1809[4].

[1] Voir sur la famille Champion, notre récente publication : *L'enfeu des Champion en Saint-Sauveur de Rennes*. (1888, in-8°.)

[2] Lettres de provision du 10 octobre 1738, en remplacement de Charles-Pierre-Félicien du Merdy de Catuélan, démissionnaire. (*Registres des enregistrements*, XXXVIII, f° 17. — Archives de la Cour d'Appel.)

[3] Cette vente a été consentie suivant acte passé devant Pocquet et Soyer, notaires à Rennes. (*Archives de Laillé*.)

[4] Le marquis de Montluc, reçu conseiller au Parlement de Bretagne le 9 mai 1761, démissionnaire en 1766 en faveur de M. de Kerguz-Troffagan, émigra, ainsi que sa femme et ses enfants, et mourut à Londres (paroisse Saint-Pancrace), le 13 octobre 1798.

De son mariage avec Mlle de Kerverzio, il eut plusieurs enfants, L'un de ceux-ci, Charles-Augustin-Louis-Marie, chevalier de la Bourdonnaye, blessé à l'armée des Princes près Valenciennes, fut transporté à Tournay où il expira le 23 mai 1793 dans sa vingt-troisième année : un autre, Charles-Marie-Amand, passa en Amérique et mourut au retour en 1799.

L'aîné, Charles-Olivier-Marie-Sévère, marquis de Montluc, vécut fort âgé : maréchal de camp honoraire et chevalier de Saint-Louis, il fut député d'Ille-et-Vilaine et s'éteignit au château de Laillé le 9 décembre 1859, à l'âge de 93 ans.

Le second fils, le seul qui se maria, Charles-Marie-Etienne, comte de Montluc (26 août 1770-12 avril 1840) épousa à Munster en Westphalie, le 14 août 1798, Mlle Eléonore Frédérique Pross qu'il amena en France et qu'il perdit à Rennes le 18 janvier 1813.

M. Henry-Charles-Marie de la Bourdonnaye, comte de Montluc, né à Guichen le 24 germinal an XII, est aujourd'hui le seul survivant des enfants issus de cette union. Il est resté veuf sans postérité : son nom et son titre passeront à M. de la Monneraye, son fils adoptif.

V *bis*. — Jean-François de Berthou, comte de la Violaye, né comme son frère aîné, Jacques-Louis, dans la paroisse de Fay, y vit le jour le 8 octobre 1818. Il commença à Paris des études de droit qu'il termina à Rennes le 10 mai 1740 en subissant avec succès devant les Facultés de cette ville l'examen de licencié. Cela ne l'empêcha pas d'entrer dans l'armée et et nous le trouvons quelques années après capitaine aide-major au régiment du Roi infanterie, puis chevalier de Saint-Louis. En 1782, il présida la noblesse à la session des Etats tenue à Rennes.

Nous n'avons pu connaître l'époque précise de sa mort : on sait seulement qu'il vivait encore à l'époque de la Révolution[1].

Il a épousé à Paris en Saint-Nicolas des Champs le 13 septembre 1751, (contrat du 12), Melle Jeanne-Etiennette-Guillaume de Chavaudon de Sainte-Maure, fille d'un conseiller à la cour des aides[2]. De ce mariage sont nés dix enfants, parmi lesquels nous citerons : *Jacques-Jean-Marie, Florian-Jean-René*[3], *Alexandre-Jean-Baptiste-Louis*[4],

---

[1] On voit par une lettre qu'a publiée M. de la Gournerie dans ses *Débris de Quiberon* (p. 6) que le comte de la Violaye était encore vivant à la fin de 1792, son fils écrivant en juillet 1795 qu'il n'avait pas eu de ses nouvelles depuis deux ans et demi.

[2] *Mercure de France* de septembre 1751. — Mlle de Sainte-Maure apportait en dot 108.000 livres : le futur recevait de ses parents la terre de Kerverzio et d'autres immeubles. Nous ignorons la date de la mort de la comtesse de la Violaye, mais nous savons qu'elle est antérieure à la Révolution et même au mariage de sa fille, Mme de la Guerrande (1787).

[3] FLORIAN JEAN-RENÉ DE BERTHOU, chevalier de la Violaye, né le 15 décembre 1761, au château de Cicé en Bruz devint aspirant de marine et mourut à Brest vers 1777.

[4] ALEXANDRE-JEAN-BAPTISTE-LOUIS DE BERTHOU, chevalier de la Violaye, né à Paris le 19 janvier 1763, entra en 1779 au régiment du Maréchal de Turenne ; il était lieutenant dans ce régiment quand il émigra au commencement de 1792. Revenu en France après le licenciement de l'armée de Condé, il vécut tantôt à Nantes, tantôt à sa terre de la Jou en Fay, Il mourut le 16 mars 1843 et fut inhumé à Fay.

En 1790, il avait épousé Mlle Bonne Jeanne Scholastique de la Haye, d'une famille originaire de Normandie. qu'il perdit le 29 janvier 1835. Une fille

Jean-Henri[1], *Emilie-Jeanne* (ou *Jeanne-Emilie*[2],) *Agathe-Louise-Etiennette*[3], *Etiennette-Emmanuelle-Sainte*[4].

VI. Jacques-Jean-Marie de Berthou, comte de la Violaye, né au château de Cicé en Bruz le 11 mai 1754, servit pendant quelques années dans le régiment de la Vieille-Lorraine, puis quitta l'armée pour épouser le 17 mai 1785 Melle Charlotte-Félicité de la Vallée de Pimodan[5].

Avant la Révolution, il habita le château de la Violaye où naquirent ses deux enfants, *Jean-Charles-Henri* le 21 septembre 1786, et *Henriette-Charlotte-Elisabeth-Agathe* le 17 novembre 1787.

unique est née de cette union, Marie-Jeanne-Etiennette de Berthou, née à Fay en 1792, mariée à M. Jean-Isidore Mériadec de Charette du Thiercent, et morte sans enfants à Nantes le 28 mai 1875.

Le chevalier de la Violaye, son père, avait reçu la croix de Saint-Louis au retour des Bourbons.

[1] JEAN-HENRI DE BERTHOU, né à Nantes en Saint-Laurent le 3 septembre 1766 était lieutenant de vaisseau lorsqu'il émigra en 1792 et se rendit à l'armée royaliste dans le Luxembourg. Après le siège de Maëstricht, il passa en Angleterre d'où il s'embarqua en 1795 pour une destination qu'il affirma plus tard n'avoir pas connue. Ce fut ainsi qu'il fit partie de l'expédition de Quiberon en qualité d'officier du régiment d'Hector. Prisonnier de guerre, et compris à ce titre dans la capitulation, il fut jugé à Auray, condamné à mort et fusillé au champ des Martyrs le 31 juillet 1795 (13 thermidor an III). Il avait, après deux naufrages, demandé quelques années auparavant, à accompagner la Pérouse dans le voyage qui eut une issue si tragique. Si ses démarches n'avaient été repoussées comme tardives, au lieu de mourir en France par la main de sescompatriotes, il eût été égorgé par les sauvages de Vanikoro,

[2] EMILIE JEANNE DE BERTHOU, née en Saint-Paul de Paris le 15 juin 1756, épousa en l'église Saint-Pierre en Saint-Georges de Rennes le 21 janvier 1777 messire Claude Joseph de Monti, seigneur de Bogat, dont elle eut trois enfants, un fils qui mourut sans alliance à 21 ans et deux filles mariées à MM. de Pioger des Vergers. Mme de Monti vivait encore en 1827.

[3] AGATHE-LOUISE-ETIENNETTE DE BERTHOU, née et ondoyée le 2 octobre 1760, nommée à Fay le 10 novembre suivant, épousa M. de Kerouallan dont elle eut un fils et une fille, cette dernière mariée à M. de Carvoisin.

[4] ETIENNETTE-EMMANUELLE-SAINTE DE BERTHOU, née le 15 et baptisée en Saint-Sauveur de Rennes le 16 mai 1765, fut mariée en l'église Saint-Pierre en Saint-Georges de cette ville le 18 décembre 1787 à messire RenéAnge de la Guerrande, seigneur de la Villecoleuc, chef de nom et armes et en eut deux enfants.

[5] C'est à cette famille, l'une des plus distinguées de la Lorraine, qu'appartenait le marquis de Pimodan tué à Castelfidardo.

Si nous en croyons les *Enigmes des rues de Paris* d'Edouard Fournier, il aurait échappé aux massacres de la Terreur en se tenant caché dans l'hôtel de Pimodan, à Paris. Nous ne savons rien de plus ni sur le comte de la Violaye ni sur sa femme. En 1837, à l'époque où M. Hersart du Buron ou M. de la Gournerie recherchait les traces des descendants des victimes de Quiberon, M. Henri de Berthou était célibataire et vivait en Lorraine près de sa sœur, mariée à M. de Cholet et mère de plusieurs enfants.

D'après nos renseignements, il n'existe aujourd'hui aucun représentant mâle de la branche qui a fait l'objet de cette étude. Guillaume Berthou de Kervaudry n'a de descendants vivants que par les femmes.